令和5年7月〜9月　第132集

裁決事例集

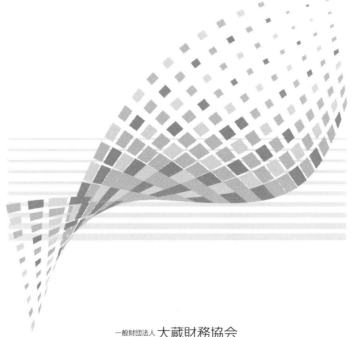

一般財団法人 大蔵財務協会

目　　次

〈令和5年7月分から9月分〉

一　所得税法関係

〈令和5年7月～9月分〉

事例1 （源泉徴収　その他）

> 　源泉徴収に係る所得税の算出において、請求人が源泉徴収に係る所得税を負担する
> ことを合意したものとは認められないと判断した事例（①平成29年10月、平成30年3
> 月、平成30年6月、平成30年7月、平成30年11月、平成31年1月から令和元年10月ま
> で、令和元年12月から令和3年7月まで、令和3年9月、令和3年10月及び令和3年
> 12月から令和4年3月までの各月分の源泉徴収に係る所得税の各納税告知処分及び不
> 納付加算税の各賦課決定処分（平成30年6月、平成30年7月及び令和元年5月の各月
> 分については各訂正告知処分及び不納付加算税の各変更決定処分後のもの）②平成30
> 年1月及び令和元年11月の各月分の源泉徴収に係る所得税の各納税告知処分・①②一
> 部取消し、棄却・令和5年8月15日裁決）
>
> 《ポイント》
> 　本事例は、請求人がインド法人に支払った金員は「技術上の役務に対する料金」と
> 認められるものの、請求人と支払先法人との間で、請求人が源泉徴収に係る所得税を
> 負担することを合意したものとは認められないとして、源泉徴収に係る所得税の算出
> においてグロスアップ計算を認めなかったものである。

《要旨》
　請求人は、インドに所在する外国法人3社（J社、K社、L社）に対して支払った各
金員（本件各支払金）について、①J社はインドの法律に基づき設立されたリミテッ
ド・ライアビリティー・パートナーシップであるから請求人の支店的な存在であり、支
払った金員は、J社の維持・管理に必要な資金の送金又は給与で、業務を委託した対価
ではないこと、②請求人とK社との契約（本件K社契約）によれば、支払った金員はソ
フトウエアの譲渡対価であること及び③L社に支払った金員はウェブサイト及びアプリ
ケーションのデザインの対価であり、デザインはコンピュータプログラムとは関係ない
ことから、それぞれ、所得に対する租税に関する二重課税の回避及び脱税の防止のため
の日本国政府とインド共和国政府との間の条約（日印租税条約）第12条第4項に規定す
る「技術上の役務に対する料金」に該当しない旨主張する。
　しかしながら、①インドの法律上、J社は、請求人とは別個の法的主体であり、かつ、

請求人と協働でソフトウエア開発業務を行っていると認められることから、当該開発業務に係る役務は、日印租税条約第12条第4項に規定する「技術的性質の役務」に該当すること、②本件K社契約は、請求人がK社に対してソフトウエアの開発の支援を依頼し、K社は当該開発に関して定義された範囲の業務を行い、対価の最終支払までに当該定義された範囲の業務の全てを完了させ、当該開発に関する全てのソフトウエア等を請求人に引き渡す旨定めた契約であり、これらの業務に係る役務は、同項に規定する「技術的性質の役務」に該当することからソフトウエアの譲渡対価ではないと認められること、及び③同項は、「技術上の役務に対する料金」についてその範囲をプログラミングサービスの提供に限定しておらず、L社が行った役務は、同項に規定する「技術的性質の役務」に該当すると認められることから、本件各支払金は、同項に規定する「技術上の役務に対する料金」に該当する。

　ただし、原処分庁は、K社に対する支払金の額について、源泉徴収の対象となるものの支払額が税引手取額で定められているものとして源泉徴収に係る所得税の額を算出する計算（グロスアップ計算）により当該所得税の額を算出しているところ、原処分庁がグロスアップ計算の根拠として掲げる本件K社契約の条項は、本件K社契約の履行に際し、契約違反や第三者からの訴訟等に備えて契約書に盛り込まれる条項であり、請求人が源泉徴収に係る所得税を負担することを合意したものとは認められないから、K社に対する支払金について当該所得税の額をグロスアップ計算により算出することは認められない。

《参照条文等》
　所得税法第161条第1項、第162条第1項、第212条第1項
　所得に対する租税に関する二重課税の回避及び脱税の防止のための日本国政府とインド共和国政府との間の条約第12条

（令和5年8月15日裁決）

《裁決書（抄）》

1 事 実

(1) 事案の概要

　本件は、審査請求人（以下「請求人」という。）が、インド共和国所在の外国法人に対して支払った金員について、原処分庁が、当該金員は、日印租税条約第12条第4項に規定する「技術上の役務に対する料金」に当たり、国内源泉所得に該当するとして、源泉徴収に係る所得税の納税告知処分等を行ったことに対し、請求人が、当該金員の一部は「技術上の役務に対する料金」に該当しないなどとして、処分の一部の取消しを求めた事案である。

(2) 関係法令等

　関係法令等の要旨は別紙2のとおりである。

　なお、別紙2で定義した略語については、以下、本文においても使用する。

(3) 基礎事実

　当審判所の調査及び審理の結果によれば、以下の事実が認められる。

イ　請求人は、エレクトロニックス製品、電気製品、情報関連機器の企画、開発、輸入入、販売、設置、工事及び保守管理並びにアプリケーションソフトウエアの企画、開発等を目的とする法人であり、家電や住宅設備をスマートフォンのアプリから操作することのできる「○○○○」の開発及びサービスの提供を主要事業としている。

ロ　請求人は、インド共和国（以下「インド」という。）に所在するJ社に対して、J社が発行したインボイス（以下「本件J社請求書」という。）に基づき、別表1-1のとおり金員を支払った（以下、J社に対して支払った各金員を「本件各J社支払金」という。）。

　J社は、インドの国内法である「THE LIMITED LIABILITY PARTNERSHIP ACT,2008」（以下「インドLLP法」という。）第12条(1)に従って設立されたソフトウエア及びハードウエア製品の開発を事業目的とするリミテッド・ライアビリティ・パートナーシップ（以下「LLP」という。）であり、請求人は、J社の出資持分の99.9％を保有している。

　なお、インドLLP法の第3条(1)は、LLPは、この法律に基づき設立される法

人であり、そのパートナーの法的主体とは別個の法的主体であるものとする旨規定している。

ハ　請求人は、インドに所在するK社との間で、平成31年1月4日から契約の効力を生ずるとする「○○○○ Agreement」と題する書面（以下「本件K社契約書」という。）を作成し、「○○○○ Platform」（以下「本件プラットフォーム」という。）に関する契約（以下「本件K社契約」という。）を締結した。

　　また、請求人は、K社に対して別表1－2のとおり金員を支払った（以下、K社に対して支払った各金員を「本件各K社支払金」という。）。

ニ　請求人は、インドに所在するL社（以下、J社及びK社と併せて「本件各インド法人」という。）との間で、令和元年7月11日、「MASTER SERVICES AGREEMENT」と題する書面（以下「本件L社契約書」という。）を作成し、請求人がL社に対してウェブサイト及びモバイルアプリの設計及び開発に関するサービスの提供を依頼する旨の契約（以下「本件L社契約」という。）を締結した。

　　また、請求人は、L社に対して別表1－3のとおり金員を支払った（以下、L社に対して支払った各金員を「本件各L社支払金」といい、本件各J社支払金及び本件各K社支払金と併せて「本件各支払金」という。）。

(4)　審査請求に至る経緯

イ　請求人は、本件各支払金の支払の際に、源泉徴収に係る所得税を徴収せず、法定納期限までにこれを納付しなかった。

ロ　原処分庁は、令和4年5月27日付で、要旨本件各支払金が日印租税条約第12条第4項に規定する「技術上の役務に対する料金」に該当し、同条第6項及び所得税法第162条の各規定により、国内源泉所得とみなされることになるため、請求人には、同法第212条等の規定に基づき源泉徴収に係る所得税の納付義務があるなどとして、請求人に対し、別表2の「納税告知処分等」欄のとおり、源泉徴収に係る所得税の各納税告知処分及び不納付加算税の各賦課決定処分をした。

　　このうち、本件各K社支払金の源泉徴収に係る所得税の額について、原処分庁は、本件各K社支払金を本件通達に定める税引手取額として、グロスアップ計算により算出した。

　　なお、本件各インド法人は、令和4年5月2日、請求人を経由して、租税条約等の実施に伴う所得税法、法人税法及び地方税法の特例等に関する法律の施行に

関する省令（以下「租税条約等実施特例法施行省令」という。）第2条《相手国居住者等配当等に係る所得税の軽減又は免除を受ける者の届出等》第1項に規定する届出書を提出したことから、原処分庁は、各納税告知処分に当たり、租税条約等の実施に伴う所得税法、法人税法及び地方税法の特例等に関する法律（平成31年4月1日前に支払を受けるべきものについては、平成31年法律第6号による改正前のもの。以下「租税条約等実施特例法」という。）第3条の2《配当等又は譲渡収益に対する源泉徴収に係る所得税の税率の特例等》（平成31年法律第6号による改正前は《配当等に対する源泉徴収に係る所得税の税率の特例等》）第1項の規定に基づき、日印租税条約第12条第2項に規定する10％の限度税率を適用した。

ハ　請求人は、原処分を不服として、令和4年8月26日に審査請求をした。

ニ　原処分庁は、令和5年4月11日付で、上記ロの各納税告知処分等のうち、平成30年6月、平成30年7月及び令和元年5月の各月分について、別表2の「訂正告知処分等」欄のとおり、減額する各訂正告知処分及び不納付加算税の各変更決定処分をした。以下、上記ロの各納税告知処分（各訂正告知処分に係る月分については当該訂正告知処分後のもの）を「本件各納税告知処分」といい、上記ロの不納付加算税の各賦課決定処分（各変更決定処分に係る月分については当該変更決定処分後のもの）を「本件各賦課決定処分」という。

2　争　点
⑴　本件各支払金は、日印租税条約第12条第4項に規定する「技術上の役務に対する料金」に該当するか否か（争点1）。
⑵　本件各K社支払金について源泉徴収に係る所得税の額をグロスアップ計算で算出すべきか否か（争点2）。

3　争点についての主張
⑴　争点1（本件各支払金は、日印租税条約第12条第4項に規定する「技術上の役務に対する料金」に該当するか否か。）について

原処分庁	請求人
次のとおり、本件各支払金は、日印租税条約第12条第4項に規定する「技術上	次のとおり、本件各支払金は、日印租税条約第12条第4項に規定する「技術上

の役務に対する料金」に該当する。

イ 本件各Ｊ社支払金について

　(イ) 本件各Ｊ社支払金は、請求人がＪ社に対し依頼したAI・IoTを活用したサービスプラットフォームに係るシステムのソフトウエアの開発の対価であり、当該ソフトウエア開発は、日印租税条約第12条第４項に規定する「技術的性質の役務」に該当することから、当該役務の対価である本件各Ｊ社支払金は、「技術上の役務に対する料金」に該当する。

　　また、Ｊ社は、インドLLP法に基づき設立された法人で、パートナーである請求人とは別個の法的主体であり、Ｊ社の従業員は請求人の従業員ではない。

　　本件各Ｊ社支払金は、Ｊ社に対する支払金であり、本件各Ｊ社支払金は、請求人の従業員に対する支払金とは認められず、日印租税条約第12条第４項に規定する「支払者のその雇用する者に対する支払金」に該当しない。

の役務に対する料金」に該当しない。

イ 本件各Ｊ社支払金について

　(イ) Ｊ社は請求人がパートナーとして出資し、設立したLLPであり、法人格を有しているとしても、Ｊ社の利益及び損失は持分に応じて請求人に帰属するため、請求人とＪ社が一体となって活動していることに変わりはなく、Ｊ社は請求人のインド支店的な存在である。

　　請求人とＪ社との間には、何ら契約が存在しておらず、本件各Ｊ社支払金は、Ｊ社の維持・管理に必要な資金の送付であることから、日印租税条約第12条第４項に規定する「技術上の役務に対する料金」には該当しない。

　　また、請求人とＪ社は、一体となって製品開発並びにソフトウエア及びサービス開発を行っており、請求人が直接指揮命令を行い、給与支払権限も有していること等から、Ｊ社の従業員は実質的に請求人の従業員と同等であり、当該ソフトウエア開発に関係する費用は、日印租税条約第12条第４項に規定する「技術上の役務に対する料金」から除かれる「支払者のその雇用する者に対する支払金」に該当する。

(ロ) 本件各Ｊ社支払金の計算方法が、Ｊ社の運営に必要な費用の合計額に〇％の利益を加えて計算されたものであったとしても、当該計算方法は、上記ソフトウエア開発の対価の金額の計算方法であることと矛盾は生じない。

ロ 本件各Ｋ社支払金について

　請求人がＫ社に依頼した本件プラットフォームの開発は、コンピュータプログラムに関して専門的な知識を有する技術者によって提供された役務であるから、日印租税条約第12条第4項に規定する「技術的性質の役務」であり、当該役務の対価である本件各Ｋ社支払金は、「技術上の役務に対する料金」に該当する。

(ロ) 本件各Ｊ社支払金は、Ｊ社の運営維持のために支出した毎月の費用の合計額に〇％の利益を付加した金額であり、業務を委託した対価ではないこと等から、「技術上の役務に対する料金」に該当しない。

ロ 本件各Ｋ社支払金について

　本件Ｋ社契約は、Ｋ社が開発した既存のソフトウエアに日本で利用するために機能を追加して完成した本件プラットフォームを請求人が購入する契約である。

　また、本件各Ｋ社支払金は、そのソフトウエア購入代金と機能の追加に係るカスタマイズ代金であるところ、本件Ｋ社契約において、①請求人は、本件プラットフォームに組み込まれた全てのソフトウエアコンポーネント及びアルゴリズムに対する全ての完全な権利を有する旨及び②遅くとも最終支払日の18ヶ月後には本件Ｋ社契約に記載された全ての相互義務は失効する旨定められており、請求人は複製・改変版・派生製品の国内外への再販売ができるようになることから、本件各Ｋ社支払金は、著作権の使用料の対価でもなく、ソフトウエアの譲渡対価である。

ハ　本件各L社支払金について	ハ　本件各L社支払金について
請求人は、L社に対して、ウェブサイトの制作やモバイルアプリの開発を依頼しており、ウェブサイトのUI／UXデザイン及びモバイルアプリのUI／UXデザインに関する事項は、ウェブサイトの制作やモバイルアプリの開発の一部であることから、これらの役務は、コンピュータプログラムに関して専門的な知識を有する技術者によって提供された役務といえ、日印租税条約第12条第4項に規定する「技術的性質の役務」であり、当該役務の対価である本件各L社支払金は、「技術上の役務に対する料金」に該当する。	請求人は、L社にウェブサイトの制作及びUI／UXデザイン並びにモバイルアプリのUI／UXデザインを依頼したが、ウェブサイトの制作については請求人の求める成果物の納品がなかったことから対価を支払っていない。 　本件各L社支払金は、ウェブサイトのUI／UXデザイン及びモバイルアプリのUI／UXデザインの対価であり、UI／UXデザインは、画面の絵を描くことであり、プログラミングなど専門的な知識は必要なく、コンピュータプログラムとは関係ないことから「技術上の役務に対する料金」に該当しない。

(2)　争点2（本件各K社支払金について源泉徴収に係る所得税の額をグロスアップ計算で算出すべきか否か。）について

原処分庁	請求人
請求人とK社との間においては、本件K社契約書第11条の4により、いかなる請求、責任及び費用からも請求人がK社を補償することについて合意したものと認められる。 　したがって、本件各K社支払金に係る所得税については、請求人が補償することになるから、本件各K社支払金につい	本件K社契約書第11条の4は、請求人が契約により購入したソフトウエアを事業で利用する上で、将来的に第三者から何らかの請求があったとしても、K社は責任を負わないとする事業に関する賠償責任の免責を定めた条文であり、税金の支払を免除するものではない。そもそも請求人は、本件K社契約において源泉徴

て源泉徴収に係る所得税の額をグロスア ップ計算で算出したことは適法である。	収に係る所得税が課税されることを予見 しておらず、当該条項に税金を負担する 意図は含まれていない。 　したがって、本件各K社支払金につい て源泉徴収に係る所得税の額をグロスア ップ計算で算出したことは誤りである。

4　当審判所の判断

(1)　争点１（本件各支払金は、日印租税条約第12条第４項に規定する「技術上の役務
　　に対する料金」に該当するか否か。）について

　　イ　はじめに

　　　　別紙２の３のとおり、所得税法第162条第１項は、租税条約において国内源泉
　　　所得につき同法第161条の規定と異なる定めがある場合には、その租税条約の適
　　　用を受ける者については、同条の規定にかかわらず、国内源泉所得は、その異な
　　　る定めがある限りにおいて、その租税条約に定めるところによる旨規定し、その
　　　租税条約が同条第１項第６号から第16号までの規定に代わって国内源泉所得を定
　　　めているときは、この法律中これらの号に規定する事項に関する部分の適用につ
　　　いては、その租税条約により国内源泉所得とされたものをもってこれに対応する
　　　これらの号に掲げる国内源泉所得とみなす旨規定している。

　　　　次に、別紙２の８及び10のとおり、日印租税条約第12条は、第２項において、
　　　技術上の役務に対する料金が生じた締約国においても当該締約国の法令に従って
　　　租税を課することができる旨規定し、同条第６項において、技術上の役務に対す
　　　る料金は、その支払者が一方の締約国の居住者である場合には、当該一方の締約
　　　国内において生じたものとされる旨規定している。

　　　　これらのことからすると、日本法人が、インド法人に対して、インド国内にお
　　　いて提供を受けた技術上の役務に対する料金を支払う場合には、当該料金は、日
　　　印租税条約第12条第２項及び第６項の規定により、日本の法令に従って租税を課
　　　すことができるとともに、日本国内において生じたものとされることから、日本
　　　の法令たる所得税法第162条第１項の規定により同法第161条第１項第６号に規定
　　　する国内源泉所得とみなされることとなり、そしてその結果、当該料金を支払っ

— 11 —

た日本法人には、同法第212条等の規定に基づき源泉徴収に係る所得税を納付する義務があることとなる。

　また、別紙2の9のとおり、日印租税条約第12条第4項は、同条において、「技術上の役務に対する料金」とは、経営的若しくは技術的性質の役務又はコンサルタントの役務の対価としての全ての支払金をいう旨規定しており、ここにいう技術的性質の役務の対価にはソフトウエア開発に対して支払う対価が含まれることから、本件においては、本件各支払金がこれらの支払金に該当するか否かについて検討することとする。

ロ　本件各J社支払金について

　(イ)　認定事実

　　請求人提出資料、原処分関係資料並びに当審判所の調査及び審理の結果によれば、以下の事実が認められる。

　　A　請求人とJ社との間で、業務に関する契約書は作成していないものの、請求人とJ社の開発担当者は、開発フローを共有しており、請求人の開発担当者からJ社の開発担当者に対して、工程ごとに細分化された業務の一部が割り振られ、請求人とJ社の開発担当者は、協働でソフトウエアの開発作業を行っている。

　　B　本件J社請求書において摘要項目を記載する欄には、要旨「ソフトウエア開発、製品開発に関するサービスの料金」と記載されている。

　　また、本件J社請求書の金額の内訳を示す書面である「○○請求書明細」によれば、本件各J社支払金は、J社の各月に発生した給与、賃料、旅費交通費等の合計額に○％の利益を加えた金額として算出されている。

　(ロ)　検討

　　J社は、上記1の(3)のロのとおり、ソフトウエア等の開発を事業目的とするLLPであり、インドLLP法に基づき設立された法人であるところ、インドLLP法上、J社は請求人とは別個の法的主体であることから、請求人のインドにおける支店とは認められず、また、請求人とJ社を一体とみなすことはできない。

　　次に、上記(イ)のAのとおり、請求人とJ社の開発担当者は、開発フローを共有し、請求人の開発担当者からJ社の開発担当者に対して業務の一部が割り振

られていることからすれば、請求人とJ社は、請求人の指揮管理の下で、協働でソフトウエアの開発業務を行っているものと認められる。

これらのことからすれば、請求人とJ社との間で業務に関する契約書は作成していないものの、請求人とJ社との間でソフトウエアの開発業務に係る役務提供に関する合意があり、ソフトウエアの開発を事業目的とするJ社は、当該合意に基づきソフトウエアの開発業務を行っているものと認められる。

したがって、当該ソフトウエアの開発業務に係る役務は、日印租税条約第12条第4項に規定する「技術的性質の役務」に該当する。

また、請求人は、上記1の(3)のロのとおり、J社が発行した本件J社請求書に基づき本件各J社支払金を支払っているところ、上記(イ)のBのとおり、本件J社請求書には、「ソフトウエア開発、製品開発に関するサービスの料金」と記載されていることからすれば、J社は当該ソフトウエア開発業務に係る役務提供の対価を請求人に請求し、請求人は本件各J社支払金を支払ったものと認められる。

したがって、本件各J社支払金は、日印租税条約第12条第4項に規定する「技術上の役務に対する料金」に該当する。

(ハ) 請求人の主張について

請求人は、上記3の(1)の「請求人」欄のイの(イ)のとおり、J社は、請求人がパートナーとして出資し、設立したLLPであり、法人格を有しているとしても、J社の利益及び損失は持分に応じて請求人に帰属するため、J社は請求人のインド支店的な存在である旨主張し、また、請求人とJ社との間には、何ら契約が存在しておらず、本件各J社支払金は、J社の維持・管理に必要な資金の送付であることから、日印租税条約第12条第4項に規定する「技術上の役務に対する料金」には該当しない旨主張する。

しかしながら、上記1の(3)のロのとおり、インドLLP法上、J社は請求人とは別個の法的主体であることから、請求人のインドにおける支店とは認められず、請求人がJ社の出資持分の99.9%を保有していたとしても、請求人とJ社を一体とみなすことはできない。また、請求人とJ社との間で契約書を作成していなかったとしても、上記(ロ)のとおり、請求人とJ社との間でソフトウエアの開発業務に係る役務提供に関する合意があり、J社は、当該合意に基づき

ソフトウエアの開発業務を行っているものと認められるのであるから、請求人の主張は採用することができない。

　また、請求人は、Ｊ社の従業員は実質的に請求人の従業員と同等であり、本件各Ｊ社支払金は、日印租税条約第12条第４項に規定する「技術上の役務に対する料金」から除かれる「支払者のその雇用する者に対する支払金」に該当する旨主張する。

　しかしながら、上記のとおり、Ｊ社は請求人とは別個の法的主体であり、Ｊ社の従業員は請求人の雇用する者に該当しないことから、請求人の主張はその前提を欠くものである。

　次に、請求人は、上記３の⑴の｜請求人」欄のイの㈹のとおり、本件各Ｊ社支払金は、Ｊ社の運営維持のために支出した毎月の費用の合計額に〇％の利益を付加した金額であり、業務を委託した対価ではない旨主張する。

　しかしながら、上記㈹のとおり、請求人は、ソフトウエア開発業務に係る役務提供の対価として本件各Ｊ社支払金を支払ったものと認められ、本件各Ｊ社支払金が毎月のＪ社の費用の合計額に〇％の利益を付加した金額であったとしても、それは当該ソフトウエア開発業務に係る役務の対価の算定方法にすぎない。

　したがって、請求人の主張には理由がない。

ハ　本件各Ｋ社支払金について

　⑷　認定事実

　　請求人提出資料、原処分関係資料並びに当審判所の調査及び審理の結果によれば、以下の事実が認められる。

　Ａ　本件Ｋ社契約について

　　　本件Ｋ社契約書には、要旨次の内容が記載されている。

　　㈹　請求人は、Ｋ社が独自に開発したソフトウエアを基にカスタマイズされた本件プラットフォームを開発するに当たり、それへの支援を平成29年10月にＫ社に依頼した（本件Ｋ社契約書第１条）。

　　㈯　本件プラットフォームは、請求人及び（又は）Ｋ社を含む第三者が請求人のために既に開発した（又は開発中及び開発予定の）ソフトウエアコンポーネントとアルゴリズムで構成されている。本件プラットフォームは、

請求人又はその子会社、関連会社が所有し運営するものである（又はそれを予定している。）（本件Ｋ社契約書第３条）。

(C) 本件Ｋ社契約書の付属書Ａ及び付属書Ｂ（以下、それぞれ「付属書Ａ」及び「付属書Ｂ」という。）は、本件プラットフォームにおける「定義済み機能」の開発／カスタマイズについて、両当事者が相互に合意した包括的な作業範囲を記述している。両当事者は、付属書Ａ及び付属書Ｂにおいて既に定義されているものを超える追加／増分の作業範囲については、Ｋ社による技術的な実現可能性調査が必要となり、作業範囲に基づいて両当事者が相互に合意する追加の費用と時間で実行されることに同意する（本件Ｋ社契約書第４条ａ）。

(D) Ｋ社は、最終支払までに全ての「定義済み機能」を完成させることに同意する（本件Ｋ社契約書第８条《支払》５）。

(E) Ｋ社は、本件プラットフォームが付属書Ａに記載された機能仕様に全ての重要な点において適合することを表明し、保証する。定義された業務範囲（付属書Ａ）が完了し、かつ本件Ｋ社契約書第８条による支払を受けた時点で、Ｋ社は、本件プラットフォームに関する全てのソフトウエアとソースコードを「現状のまま」譲渡し、Ｋ社は、当該ソフトウエアに関する明示又は暗示の保証（商品責任又は特定目的への適合性を含むがこれに限らない。）を一切行わないものとする（本件Ｋ社契約書第10条《表明及び保証》８）。

B 付属書Ａには、これまでに開発された本件プラットフォーム及び平成30年８月以降の新規開発要請について記載されており、付属書Ｂには、本件プラットフォームの基本機能が記載されている。

(ロ) 検討

A 本件プラットフォームは、上記(イ)のＡの(B)のとおり、請求人のために開発された（開発中及び開発予定を含む。）ソフトウエアコンポーネント及びアルゴリズムで構成されているところ、請求人は、同(A)のとおり、本件プラットフォームの開発の支援を平成29年10月にＫ社に依頼している。

B また、上記(イ)のＢのとおり、本件プラットフォームの開発内容及び新規開発要請並びに基本機能を記載した付属書Ａ及び付属書Ｂは、同Ａの(C)のとお

り、本件プラットフォームにおける「定義済み機能」の開発及びカスタマイ
ズについて、請求人とK社が相互に合意した包括的な作業範囲を記述してい
るところ、付属書A及び付属書Bにおいて既に定義されているものを超える
追加／増分の作業範囲については、K社による技術的な実現可能性調査を経
た上で、請求人とK社が相互に合意する追加の費用と時間で実行されること
とされており、付属書A及び付属書Bにおいて既に定義されている範囲を超
える作業が生じた場合には、請求人とK社が別途合意した上で、K社が作業
を行う旨合意したものと認められる。

　そうすると、付属書A及び付属書Bは、請求人とK社との間で、本件プラ
ットフォームの開発におけるK社の業務の範囲を定めたものであると認めら
れる。

C　さらに、上記(イ)のAの(D)のとおり、K社は、最終支払までに全ての「定義
済み機能」を完成させることとされており、同(E)のとおり、当該支払を受け
た時点で本件プラットフォームに関する全てのソフトウエア等を請求人に引
き渡すこととされている。

D　以上によれば、本件K社契約は、請求人がK社に対して、本件プラットフ
ォームの開発の支援を依頼し、K社は、本件プラットフォームの開発に関し
て、原則として付属書A及び付属書Bにおいて定義された範囲の業務を行い、
対価の最終支払までに当該定義された範囲の業務の全てを完了させ、本件プ
ラットフォームに関する全てのソフトウエア等を請求人に引き渡す旨定めた
契約であると認められる。

E　これらの事実からすれば、本件プラットフォームの開発に関してK社が行
った業務に係る役務は、日印租税条約第12条第4項に規定する「技術的性質
の役務」に該当し、その対価として支払った本件各K社支払金は、同項に規
定する「技術上の役務に対する料金」に該当する。

(ハ)　請求人の主張について

　請求人は、上記3の(1)の「請求人」欄のロのとおり、本件K社契約は、K社
が開発した既存のソフトウエアに日本で利用するための機能を追加して完成し
た本件プラットフォームを請求人が購入する契約であり、本件各K社支払金は、
そのソフトウエア購入代金と機能追加に係るカスタマイズ代金であるから、ソ

フトウエアの譲渡対価である旨主張する。

　しかしながら、上記㈹のとおり、本件Ｋ社契約は、請求人がＫ社に対して、本件プラットフォームの開発の支援を依頼し、Ｋ社が本件プラットフォームの開発に関して、定義された範囲の業務の全てを完了させるものであって、本件プラットフォームに関する全てのソフトウエア等を請求人に引き渡す旨の条項があったとしても、当該業務に係る役務の対価である本件各Ｋ社支払金は、ソフトウエアの譲渡対価ではないことから、請求人の主張には理由がない。

ニ　本件各Ｌ社支払金について

　㈵　認定事実

　　　請求人提出資料、原処分関係資料並びに当審判所の調査及び審理の結果によれば、以下の事実が認められる。

　　Ａ　Ｌ社について

　　　　請求人と本件Ｌ社契約を締結したＬ社は、アプリケーション、ウェブサイト、その他の媒体の設計・開発サービスを顧客に対し提供する事業を営んでいる法人である。

　　Ｂ　本件Ｌ社契約について

　　　　本件Ｌ社契約書には、要旨次の内容が記載されている。

　　　㈠　請求人は、本件Ｌ社契約に基づき両当事者間で締結された付属書１（以下「本件Ｌ社付属書」という。）に記載されている、ウェブサイト及びモバイルアプリの設計及び開発に関するサービスの提供を受けるためにＬ社に打診した（本件Ｌ社契約書前文第３条）。

　　　㈡　Ｌ社は、「ウェブサイトＵＸ／ＵＩデザイン及びフロントエンド開発」及び「モバイルアプリＵＸ／ＵＩデザイン」につき、請求人チーム等と協働している。Ｌ社は、それが使いやすく、専門的、魅力的、かつ、請求人のブランドビジョンに合致したものになるように、インターフェイスをデザインし、開発する（本件Ｌ社付属書の「要求事項」）。

　　　㈢　成果物は、タスクフロー、ワイヤーフレーム（ウェブ、モバイル）、ＵＩ画面（ウェブ、モバイル等）及びフロントエンド開発・ＨＴＭＬ等である（本件Ｌ社付属書の「成果物」）。

　㈹　検討

請求人は、上記(イ)のＡ及び上記１の(3)のニのとおり、アプリケーション及びウェブサイト等の設計・開発サービスを事業とするＬ社との間で、本件Ｌ社契約を締結し、Ｌ社に対してウェブサイト及びモバイルアプリの設計及び開発に関するサービスの提供を依頼している。

　その具体的な内容は、本件Ｌ社付属書に定められているところ、上記(イ)のＢの(B)のとおり、本件Ｌ社付属書の「要求事項」からすれば、Ｌ社が請求人から依頼を受けたのは、ウェブサイトのUX／UIデザイン及びフロントエンド開発並びにモバイルアプリのUX／UIデザインであり、Ｌ社は、それが請求人の要求を満たすように、インターフェイスをデザインし、開発することを求められたものと認められる。

　また、上記(イ)のＢの(C)のとおり、本件Ｌ社付属書の「成果物」によれば、本件Ｌ社契約における成果物は、タスクフロー、ワイヤーフレーム（ウェブ、モバイル）、UI画面（ウェブ、モバイル等）及びフロントエンド開発・HTML等であり、これらの成果物は、いずれもウェブサイト又はモバイルアプリの作成過程で作成されるものであり、ウェブサイト又はモバイルアプリに関する技術及び知識がなければ作成し得ないものと認められる。

　これらのことからすれば、本件Ｌ社契約において、請求人は、アプリケーション及びウェブサイト等の設計・開発サービス等を事業とするＬ社に対してウェブサイト又はモバイルアプリに関する技術及び知識がなければできない役務を依頼し、Ｌ社は、本件Ｌ社契約に合意された役務を行ったのであるから、Ｌ社が行った役務は、日印租税条約第12条第４項に規定する「技術的性質の役務」に該当し、その対価として支払った本件各Ｌ社支払金は、同項に規定する「技術上の役務に対する料金」に該当する。

(ハ)　請求人の主張について

　請求人は、上記３の(1)の「請求人」欄のハのとおり、請求人は、ウェブサイトのUI／UXデザイン及び制作並びにモバイルアプリのUI／UXデザインをＬ社に依頼したところ、ウェブサイトの制作については請求人が求める成果物の納品がなされなかったことから対価を支払っておらず、本件各Ｌ社支払金は、ウェブサイト及びアプリケーションのデザインの対価であり、デザインはコンピュータプログラムとは関係ないことから、日印租税条約第12条第４項に規定

する「技術上の役務に対する料金」に該当しない旨主張する。

　しかしながら、別紙２の９のとおり、日印租税条約第12条第４項は、「技術上の役務に対する料金」とは、「技術者その他の人員によって提供される役務を含む経営的若しくは技術的性質の役務又はコンサルタントの役務の対価としての全ての支払金」である旨規定し、その範囲をプログラミングサービスの提供に限定していない。仮に、請求人が主張するように、ウェブサイトの制作について請求人が求める成果物の納品まではされなかったとしても、上記(ロ)のとおり、請求人は、Ｌ社からウェブサイト又はモバイルアプリに関する技術及び知識がなければできない役務の提供を受け、当該役務は「技術的性質の役務」に該当すると認められるのであるから、請求人の主張には理由がない。

ホ　小括

　以上のとおり、本件各支払金は、いずれも日印租税条約第12条第４項に規定する「技術上の役務に対する料金」に該当する。

(2)　争点２（本件各Ｋ社支払金について源泉徴収に係る所得税の額をグロスアップ計算で算出すべきか否か。）について

イ　認定事実

　請求人提出資料、原処分関係資料並びに当審判所の調査及び審理の結果によれば、以下の事実が認められる。

　(イ)　本件Ｋ社契約における業務の対価に関する事項は、本件Ｋ社契約書第８条に定められているところ、同条の８は、請求人は、日本以外の外国法域における売上税を一切納付しないものとする旨定められており、本件Ｋ社契約において、上記定め以外に税金の負担についての定めはない。

　(ロ)　本件Ｋ社契約書第11条《補償及び責任》の４は、請求人は、今後、その顧客を含む第三者からのいかなる請求、責任及び費用（弁護士費用を含む。）からもＫ社を補償するものとする旨定められている。

ロ　検討

　本件通達は、給与等その他の源泉徴収の対象となるものの支払額が税引手取額で定められている場合には、源泉徴収税額をグロスアップ計算により計算することに留意する旨定めているところ、当該通達の取扱いは、支払額が税引手取額で定められている場合の源泉徴収税額の計算方法を明らかにしたものであり、当審

判所においても相当と認められる。

　本件Ｋ社契約における業務の対価に関する事項は、上記イの(イ)のとおり、本件
Ｋ社契約書第８条に定められているところ、同条の８において売上税に関する取
決めはあるものの、本件Ｋ社契約には源泉徴収に係る所得税に関する条項はなく、
その他、本件Ｋ社契約に関して、Ｋ社に支払う金銭とは別に請求人が源泉徴収に
係る所得税を負担することを約したと認められる取決めはない。

　そうすると、本件Ｋ社契約には、請求人が支払う業務の対価の額は本件各Ｋ社
支払金の額であると定められているものと認められ、本件各Ｋ社支払金の額に源
泉徴収に係る所得税の額を加算した金額を業務の対価の額であると定められてい
るものとは認められない。

　したがって、本件Ｋ社契約においては、業務の対価が本件通達に定める「支払
額が税引手取額で定められている」ものとは認められず、本件各Ｋ社支払金につ
いて、源泉徴収に係る所得税の額をグロスアップ計算で算出することはできない。

ハ　原処分庁の主張について

　原処分庁は、上記３の(2)の「原処分庁」欄のとおり、請求人とＫ社との間にお
いては、本件Ｋ社契約書第11条の４により、いかなる請求、責任及び費用からも
請求人がＫ社を補償することについての合意がされているため、本件各Ｋ社支払
金に係る所得税については、請求人が補償することになるから、源泉徴収に係る
所得税の額をグロスアップ計算で算出したことは適法である旨主張する。

　しかしながら、原処分庁がグロスアップ計算の根拠として掲げる本件Ｋ社契約
書第11条は、契約を締結するに当たって、当該契約の履行に際しての契約違反や
第三者からの訴訟等に備えて契約書に盛り込まれる条項であると認められ、同条
により請求人が源泉徴収に係る所得税を負担することを合意したものとは認めら
れず、本件Ｋ社契約における業務の対価は、上記イの(イ)のとおり、本件各Ｋ社支
払金の額と認められるから、原処分庁の主張には理由がない。

(3)　本件各納税告知処分の適法性について

　上記(1)のホのとおり、本件各支払金は日印租税条約第12条第４項に規定する「技
術上の役務に対する料金」に該当し、請求人は、本件各支払金につき源泉徴収義務
を負うものの、上記(2)のロのとおり、本件各Ｋ社支払金について源泉徴収に係る所
得税の額をグロスアップ計算で算出することはできない。

また、上記１の(4)のロのとおり、本件各インド法人は、請求人を経由して、租税条約等実施特例法施行省令第２条第１項に規定する届出書を提出しているから、これを前提に所得税法第212条第１項、租税条約等実施特例法第３条の２第１項、日印租税条約第12条第２項及び東日本大震災からの復興のための施策を実施するために必要な財源の確保に関する特別措置法第33条《復興特別所得税に係る所得税法の適用の特例等》第９項第１号の規定により徴収税額を計算することになる。

　以上に基づき、当審判所で請求人の納付すべき源泉徴収に係る所得税及び不納付加算税の額を計算すると、別表３「審判所認定額」のとおりとなり、このうち、平成30年６月、平成31年１月、令和元年６月、令和元年11月、令和２年３月、令和２年４月、令和２年７月から令和２年10月まで、令和２年12月から令和３年７月まで、令和３年９月、令和３年10月及び令和３年12月から令和４年３月までの各月分は、いずれも本件各納税告知処分の額と同額であり、平成29年10月、平成30年１月、平成30年３月、平成30年７月、平成30年11月、平成31年２月から令和元年５月まで、令和元年７月から令和元年10月まで、令和元年12月から令和２年２月まで、令和２年５月、令和２年６月及び令和２年11月の各月分は、いずれも本件各納税告知処分の額を下回る。

　なお、本件各納税告知処分のその他の部分については、請求人は争わず、当審判所に提出された証拠資料等によっても、これを不相当とする理由は認められない。

　したがって、本件各納税告知処分のうち、平成29年10月、平成30年１月、平成30年３月、平成30年７月、平成30年11月、平成31年２月から令和元年５月まで、令和元年７月から令和元年10月まで、令和元年12月から令和２年２月まで、令和２年５月、令和２年６月及び令和２年11月の各月分の源泉徴収に係る所得税の各納税告知処分は、それぞれその一部を別紙１「取消額等計算書」のとおり、取り消すべきであるが、これらの各月分を除く本件各納税告知処分は、本件各支払金以外に係る納税告知処分を含め、それぞれ適法である。

(4)　本件各賦課決定処分の適法性について

　上記(3)のとおり、本件各納税告知処分のうち、平成29年10月、平成30年１月、平成30年３月、平成30年７月、平成30年11月、平成31年２月から令和元年５月まで、令和元年７月から令和元年10月まで、令和元年12月から令和２年２月まで、令和２年５月、令和２年６月及び令和２年11月の各月分の源泉徴収に係る所得税の各納税

告知処分は、それぞれその一部を取り消すべきであるところ、不納付加算税の各賦課決定処分の基礎となる税額は、それぞれ別表3の「源泉所得税の額」欄のとおりとなる。また、当該源泉徴収に係る所得税を法定納期限までに納付しなかったことについて、国税通則法第67条《不納付加算税》第1項ただし書に規定する正当な理由があるとは認められないから、請求人の不納付加算税の額はそれぞれ別表3の「不納付加算税の額」欄のとおりとなるところ、このうち、平成30年3月、平成30年7月、平成30年11月、平成31年2月から令和元年5月まで、令和元年7月から令和元年10月まで、令和元年12月、令和2年2月、令和2年5月、令和2年6月及び令和2年11月の各月分については、いずれも本件各賦課決定処分の額を下回り、これらの各月分以外のものは、いずれも本件各賦課決定処分の額と同額となる。

　したがって、本件各賦課決定処分のうち、平成30年3月、平成30年7月、平成30年11月、平成31年2月から令和元年5月まで、令和元年7月から令和元年10月まで、令和元年12月、令和2年2月、令和2年5月、令和2年6月及び令和2年11月の各月分については、別紙1「取消額等計算書」のとおり、それぞれその一部を取り消すべきであるが、これらの各月分を除く本件各賦課決定処分は、本件各支払金以外に係る賦課決定処分を含め、それぞれ適法である。

⑸　結論

　よって、審査請求には理由があるから、原処分の一部を取り消すこととする。

別表1－1　本件各Ｊ社支払金（省略）

別表1－2　本件各Ｋ社支払金（省略）

別表1－3　本件各Ｌ社支払金（省略）

別表2　本件各納税告知処分及び本件各賦課決定処分の内容（省略）

別表3　審判所認定額（省略）

別紙1　取消額等計算書（省略）

別紙2　関係法令等

1　所得税法第5条《納税義務者》第4項は、外国法人は、外国法人課税所得（国内源泉所得のうち同法第161条《国内源泉所得》第1項第4号から第11号まで又は同項第13号から第16号までに掲げるものをいう。）の支払を受けるときは、所得税を納める義務がある旨規定している。

2　所得税法第161条第1項柱書及び同項第6号は、国内において人的役務の提供を主たる内容とする事業で政令で定めるものを行う者が受ける当該人的役務の提供に係る対価は、国内源泉所得に該当する旨規定している。

3　所得税法第162条《租税条約に異なる定めがある場合の国内源泉所得》第1項は、租税条約において国内源泉所得につき同法第161条の規定と異なる定めがある場合には、その租税条約の適用を受ける者については、同条の規定にかかわらず、国内源泉所得は、その異なる定めがある限りにおいて、その租税条約に定めるところによる旨規定し、この場合において、その租税条約が同条第1項第6号から第16号までの規定に代わって国内源泉所得を定めているときは、この法律中これらの号に規定する事項に関する部分の適用については、その租税条約により国内源泉所得とされたものをもってこれに対応するこれらの号に掲げる国内源泉所得とみなす旨規定している。

4　所得税法第212条《源泉徴収義務》第1項は、外国法人に対し国内において同法第161条第1項第4号から第11号まで又は同項第13号から第16号までに掲げる国内源泉所得の支払をする者は、その支払の際、これらの国内源泉所得について所得税を徴収し、その徴収の日の属する月の翌月10日までに、これを国に納付しなければならない旨規定している。

5　所得税法施行令第282条《人的役務の提供を主たる内容とする事業の範囲》第3号は、所得税法第161条第1項第6号に規定する政令で定める事業の一つとして、科学技術、経営管理その他の分野に関する専門的知識又は特別の技能を有する者の当該知識又は技能を活用して行う役務の提供を主たる内容とする事業を掲げている。

6　所得に対する租税に関する二重課税の回避及び脱税の防止のための日本国政府とインド共和国政府との間の条約（以下「日印租税条約」という。）第4条第1項は、この条約の適用上、「一方の締約国の居住者」とは、当該一方の締約国の法令の下において、住所、居所、本店又は主たる事務所の所在地その他これらに類する基準によ

り当該一方の締約国において課税を受けるべきものとされる者をいう旨規定している。

7　日印租税条約第12条第1項は、一方の締約国内において生じ、他方の締約国の居住者に支払われる使用料及び技術上の役務に対する料金に対しては、当該他方の締約国において租税を課することができる旨規定している。

8　日印租税条約第12条第2項は、同条第1項の使用料及び技術上の役務に対する料金に対しては、これらが生じた締約国においても、当該締約国の法令に従って租税を課することができ、その租税の額は、当該使用料又は技術上の役務に対する料金の受領者が当該使用料又は技術上の役務に対する料金の受益者である場合には、当該使用料又は技術上の役務に対する料金の額の10％を超えないものとする旨規定している。

9　日印租税条約第12条第4項は、同条において、「技術上の役務に対する料金」とは、技術者その他の人員によって提供される役務を含む経営的若しくは技術的性質の役務又はコンサルタントの役務の対価としての全ての支払金（支払者のその雇用する者に対する支払金及び同条約第14条に定める独立の人的役務の対価としての個人に対する支払金を除く。）をいう旨規定している。

10　日印租税条約第12条第6項は、使用料及び技術上の役務に対する料金は、その支払者が一方の締約国の居住者である場合には、当該一方の締約国内において生じたものとされる旨規定している。

11　所得税基本通達181〜223共－4《源泉徴収の対象となるものの支払額が税引手取額で定められている場合の税額の計算》（以下「本件通達」という。）は、給与等その他の源泉徴収の対象となるものの支払額が税引手取額で定められている場合には、当該税引手取額を税込みの金額に逆算し、当該逆算した金額を当該源泉徴収の対象となるものの支払額として、源泉徴収税額を計算することに留意すると定めている（以下、本件通達に定める源泉徴収税額の計算方法を「グロスアップ計算」という。）。

二　国税徴収法関係

〈令和5年7月～9月分〉

事例2　（財産の換価等　公売公告）

> 　公売公告処分は、原処分庁が分割納付誓約期間内に公売に付したという時期の判断
> において、その裁量権の行使が差押財産の換価に関する制度の趣旨・目的に照らして
> 合理性を欠く不当な処分であると判断した事例（公売公告処分・全部取消し・令和5
> 年8月21日裁決）
>
> 《ポイント》
> 　本事例は、請求人の自主納付の見込み、公売による換価額、差押財産の公売による
> 請求人への影響等の諸般の事情をも考慮すると、公売に付した時期の判断において、
> その裁量権の行使が差押財産の換価に関する制度の趣旨・目的に照らして合理性を欠
> く不当な処分であると判断したものである。

《要旨》

　原処分庁は、差押財産を公売に付すべき時期については、国税の徴収の所轄庁の合理
的な裁量に委ねられていると解されており、請求人が所有する各不動産（本件各不動
産）の公売公告処分（本件公売公告処分）は、公売に付すべき時期について裁量権の範
囲内で合理的に行われたものであるから、違法又は不当な処分ではない旨主張する。と
ころで、換価に関する時期の判断に当たっては、滞納者の個々の実情を踏まえ、国税の
効果的な徴収に向け、個々の滞納事案における自主納付の見込み、公売による換価額、
差押財産の公売による滞納者への影響等諸般の事情をも考慮して判断することが相当と
解されるところ、本件は、請求人には自主納付による完納の見込みがないこと、本件各
不動産の換価額として相応の金額が見積もられていたこと、本件各不動産の公売が必ず
しも請求人の事業の継続を不可能にするものではないことなどの事情があり、これらの
事情を考慮すれば、本件各不動産を公売に付する時期について、原処分庁に裁量権の範
囲の逸脱又は濫用があったとは認められないから、本件公売公告処分は適法である。

　しかしながら、原処分庁の裁量権の行使が、差押財産の換価に関する制度の趣旨・目
的に照らし合理性を欠く場合には不当と判断すべきであるところ、本件は、請求人が提
出した分割納付誓約書の誓約期間（本件分割納付誓約期間）内に、納付計画どおりの自
主納付をする蓋然性が高く、また、本件分割納付誓約期間内に本件各不動産を直ちに換

価することで、換価額の下落の回避又は換価額の相対的な価値の維持ができたなどの徴収上有利となる事情がない。また、原処分庁の徴収担当職員が、本件分割納付誓約期間内に本件各不動産が公売に付されることはないとの請求人の期待を排斥しなかったことにより、本件各不動産の代替土地を確保し得る機会及び期間が事実上なくなり、公売による請求人の事業に対する影響がより大きくなったことなどの事情があり、これらの事情を考慮すれば、本件公売公告処分は、公売に付する時期の判断において、その裁量権の行使が、差押財産の換価に関する制度の趣旨・目的に照らして合理性を欠く不当な処分であるといえる。

《参照条文等》

　国税徴収法第95条第1項、第96条

《参考判決・裁決》

　東京地裁平成30年9月6日判決（金融法務事情2119号86頁）

（令和5年8月21日裁決）

《裁決書（抄）》

1　事　実

(1)　事案の概要

　　本件は、原処分庁が、審査請求人（以下「請求人」という。）の滞納国税を徴収するため、運送業を営む請求人が所有する駐車場等の各不動産の公売公告処分を行ったのに対し、請求人が、請求人の滞納国税について「分割納付誓約書」を提出し、これに基づく納付計画に従って納付を継続していることからすれば、当該分割納付計画の期間中にした当該公売公告処分は、公売に付すべき時期を誤った違法又は不当な処分であるとして、その全部の取消しを求めた事案である。

(2)　関係法令等

　イ　国税徴収法（以下「徴収法」という。）第95条《公売公告》第1項は、税務署長（なお、同法第184条《国税局長が徴収する場合の読替規定》は、国税局長が徴収の引継ぎを受けた場合における徴収法の規定の適用については、「税務署長」とあるのは、「国税局長」とする旨規定している。以下、税務署長又は国税局長のことを「国税局長等」という。）は、差押財産等を公売に付するときは、公売の日の少なくとも10日前までに、①公売財産の名称、数量、性質及び所在、②公売の方法、③公売の日時及び場所、その他同項各号に掲げる事項を公告しなければならない旨規定している。

　ロ　徴収法第96条《公売の通知》第1項は、国税局長等は、同法第95条の公告をしたときは、同条第1項各号（第8号を除く。）に掲げる事項及び公売に係る国税の額を滞納者に通知しなければならない旨規定している。

　ハ　換価事務の取扱いについて国税庁長官が定めた換価事務提要（平成20年6月13日付徴徴3−9ほか1課共同「換価事務提要の制定について」（事務運営指針）の別冊。以下「換価事務提要」という。）第2章《換価の事前準備》第4節《差押手続等の確認》14《特に換価をしないことを適当とする場合》は、次に掲げるときは、換価をしないものとする旨定めている。

　　(イ)　国税通則法（以下「通則法」という。）第55条《納付委託》第1項第3号の規定により納付委託を受けたとき。

　　(ロ)　賦課交渉中、相続があった場合における承認又は放棄をすべき熟慮期間中

（民法第915条《相続の承認又は放棄をすべき期間》）及び訴えの提起があった

場合で特に換価をしないことが適当と認められるとき。

  (ハ) その他特に換価をしないことを適当とするとき。

(3) 基礎事実及び審査請求に至る経緯

  当審判所の調査及び審理の結果によれば、以下の事実が認められる。

  イ 原処分庁は、平成12年8月25日から平成22年1月22日までの間、請求人の別表

    1記載の滞納国税（以下「本件滞納国税」という。）について、通則法第43条

    《国税の徴収の所轄庁》第3項の規定に基づき、順次、K税務署長から徴収の引

    継ぎを受けた。

  ロ 原処分庁は、平成20年9月1日付で、請求人の別表1の番号1ないし32記載の

    滞納国税を徴収するため、別表2の番号1記載の土地（以下「本件土地」とい

    う。）を差し押さえた。

  ハ 原処分庁は、令和元年10月30日付で、請求人の本件滞納国税を徴収するため、

    別表2の番号2記載の建物を差し押さえた（以下、本件土地と当該建物を併せて

    「本件各不動産」という。）。

  ニ 原処分庁は、令和○年○月○日付で、本件滞納国税を徴収するため、本件各不

    動産について、徴収法第95条第1項の規定に基づき、公売の開始及び締切りの日

    時を令和○年○月○日から○月○日まで、売却決定の日時を○年○月○日○時○

    分、買受代金の納付の期限を○日○時○分などとする公売公告処分（以下「本件

    公売公告処分」という。）を行うとともに、同法第96条第1項の規定に基づき、

    令和○年○月○日付の公売通知書を請求人に送付して同法第95条第1項各号（同

    項第8号を除く。）に掲げる事項及び本件滞納国税を請求人に通知した。

  ホ 請求人は、本件公売公告処分に不服があるとして、令和4年10月3日に審査請

    求をした。

2 争 点

  本件公売公告処分は、公売に付すべき時期を誤った違法又は不当なものであるか否

か。

3 争点についての主張

原処分庁	請求人

差押財産を公売に付すべき時期については、国税の徴収の所轄庁の合理的な裁量に委ねられていると解されるところ、本件公売公告処分は、次のとおり、公売に付すべき時期について裁量権の範囲内で合理的に行われたものであるから、違法又は不当な処分ではない。

(1)　請求人は、平成9年から平成21年まで繰り返し滞納を発生させ、本件公売公告処分の時点で25年間にわたり滞納が継続している。上記の間、請求人は分割納付を行っているものの、その金額は本件滞納国税に比して僅少であるから、分割納付を継続しても完納するまでには、今後、更に長期間を要する。

(2)　本件滞納国税は、本件公売公告処分の時点で、通則法第46条《納税の猶予の要件等》に基づく納税の猶予や、徴収法第151条《換価の猶予の要件等》及び同法第151条の2に基づく換価の猶予の適用はなく、本件各不動産を公売するに当たり、法令の規定による換価の制限はない。

(3)　本件各不動産が請求人の事業の継続に欠かせない重要な財産であったとしても、車庫、整備場及び休憩場として利用可能な唯一の不動産であるとは認められない。なぜなら、本件各不動産は、接道や用途の状況において特殊な点はない

　本件公売公告処分は、次の事情等を考慮すれば、公売に付すべき時期を誤った違法又は不当な処分である。

(1)　請求人は、平成30年に本税を完納した後、本件滞納国税について、令和4年6月から令和5年5月までの期間に係る「分割納付誓約書」を令和4年6月に提出し、当該「分割納付誓約書」に基づいて毎月の納付額を継続して納付している。加えて、令和5年より納付額を増額して今後も納付を継続する意思がある。

(2)　本件滞納国税について、通則法第46条の規定に基づく納税の猶予若しくは徴収法第151条又は同法第151条の2の規定に基づく換価の猶予の適用を受けてはいないが、上記(1)のとおり、「分割納付誓約書」を提出していることから、実質的にはこれらの猶予を受けた状態と異ならない。

(3)　本件各不動産は、請求人が事業を継続していく上で必要不可欠な財産である。本件各不動産のほかに近隣に賃借している駐車場はあるものの、整備及び休憩場としての使用は契約上利用できないため、車庫、整備及び休憩場として使用で

し、請求人は本件各不動産の近隣に所在する土地を駐車場として賃借しているからである。

　また、原処分庁所属の徴収担当職員（以下、請求人と面接等をした各徴収担当職員を「本件各徴収担当職員」という。）は、平成28年11月22日に請求人の当時の代表取締役であったＬに対して、公売手続を進める旨を伝えたが、その日から、本件公売公告処分までの期間は、約5年10か月あるから、他の不動産を探す期間として十分である。

(4)　上記(3)のとおり、Ｌに対して、公売手続を進める旨を伝えて以降、請求人が、「分割納付誓約書」を毎年提出し、当該「分割納付誓約書」に記載された納付計画に従って誠実に分納を履行している間も、そのような分納によって公売手続が停止するとの見解を請求人に対し表明したことはない。

　公売手続が進行中であることは請求人も承知していたから、原処分庁が本件公売公告処分の直前に請求人に対し通知を行わなかったことは、不適当ではない。

　なお、本件各徴収担当職員が請求人に「分割納付誓約書」の提出を求めたのは、本件各徴収担当職員と請求人の双方で、本件滞納国税について分割納付計画を確認するためであって、本件各不動産の換

きる土地はほかになく、十分特殊である。

　また、実際に公売通知を受けてから公売の日までの期間は10日ほどしかなく、他の不動産を探す時間としては不十分であるし、新たな土地を賃借する資金もないことは、提出した財産目録によって原処分庁も確認できたはずである。

(4)　上記(1)の「分割納付誓約書」を提出した際に、本件各徴収担当職員から公売をする旨の説明は一切なかった。

　また、原処分庁が本件公売公告処分を行うに当たって、上記(1)の「分割納付誓約書」による分割納付の約束を取り消すという通知すらなかった。

価を猶予する趣旨ではない。

4 当審判所の判断

（1）法令解釈等

　イ　国税納付の猶予と換価の制限について

　　（イ）国税納付の猶予に係る換価の猶予について

　　　A　徴収法第89条《換価する財産の範囲等》第1項は、差押財産は、同法第5章《滞納処分》第3節《財産の換価》の定めるところにより換価しなければならない旨、同法第94条《公売》は、差押財産を換価するときは、これを公売に付さなければならない旨、同法第95条第1項は、国税局長等は、差押財産を公売に付するときは、原則として、公売の日の少なくとも10日前までに公売財産の名称等を公告しなければならない旨それぞれ規定している。

　　　B　この点、国税の徴収は、私法秩序との調整を図りつつ、国民の納税義務の適正な実現を通じて国税収入を確保することを目的としており、財産を差し押さえた場合は、滞納者の意思にかかわらず、直ちに換価手続に入るのが原則である。

　　　　他方で、直ちに財産を換価することにより滞納者の事業が壊滅することが見込まれるときに、その事業が立ち直るまで差し押さえた財産の換価処分を猶予することが社会政策上又は国民経済上適当であり、国税徴収の目的にもかなうことから、滞納処分による財産の換価を猶予し、当該猶予の期間中の滞納国税の分割納付を認めている。すなわち、徴収法第151条は、滞納者が納税に対し誠実な意思を有すると認められるときに、①その財産を換価することによりその事業の継続を困難にするおそれがある場合（同条第1項第1号）、又は②その財産の換価を猶予することが、直ちにその換価をすることに比して、滞納に係る国税及び最近において納付すべきこととなる国税の徴収上有利である場合（同項第2号）に、滞納処分による財産の換価を猶予することができる旨規定し、徴収法第151条の2は、同法第151条の規定によるほか、滞納者がその国税を一時に納付することによりその事業の継続又はその生活の維持を困難にするおそれがあると認められる場合において、その者が納税について誠実な意思を有すると認められるときは、その国税の納期限

から6月以内にされたその者の申請に基づき、滞納処分による財産の換価を猶予することができる旨規定している（以下、徴収法第151条又は第151条の2による換価の猶予のことを「換価の猶予」という。）。また、徴収法第152条《換価の猶予に係る分割納付、通知等》第1項により、換価の猶予をする場合には、換価の猶予に係る金額を換価の猶予の期間に分割して納付させるものとしている。

C　そして、換価の猶予が認められる期間は、原則1年間（例外として、猶予期間内に完納できないやむを得ない理由があると認められるときは、徴収法第152条第3項又は第4項が準用する通則法第46条第7項により、当初の猶予期間と併せて2年間の範囲で延長することができる。）とされているところ、これは差押財産の換価を猶予することが国税徴収の目的にかなうとしても、期限内に納付した他の納税者との公平を踏まえ当該期間を制限したものと解される。

D　以上のとおり、徴収法第95条第1項において公売公告の時期が規定されている以外には、換価に関する時期について定めた法令上の規定はなく、また、換価の猶予（徴収法第151条）をした場合等の一定の場合を除き、差押財産を公売に付すことを制約する法令上の規定もない。

㈡　換価事務提要に挙げられた換価をしないことを適当とする場合について

A　差押財産の換価は、国税局長等が差し押さえた滞納者の財産を売却し、その売却代金をもって滞納国税を早期かつ確実に徴収することを最終目的として実施するものであるが、他方で滞納者の権利利益に法律上及び事実上の重大な影響を及ぼす効果を有していることから、差押財産の換価に当たっては、画一的に実施するのではなく、滞納者の個々の実情を踏まえた上で、対象事案を適切に選定する必要がある。そのため、差押財産の換価は、換価事務提要において、換価事務を適正に実施するための実施手続及びこれに関連する様式が整備され、事務処理の統一が図られている。

B　換価事務提要第2章第2節《公売予告通知書等の送付》8《出署者への対応》においては、公売手続前において、原則公売予告を行うことにより、滞納者の現況（例えば、事業状況、生計の現況、納付計画等）を十分聴取して極力納付を促すこととし、早急に納付することが困難な者については、その

実情により、換価を実施すべき者とそれ以外の方法により滞納整理をすることが適切と見込まれる者とに判別し、それぞれの区分に従ってその後の滞納整理を行うこととしている。

　また、換価事務提要第2章第4節13《法令の規定による換価の制限の有無》において法令の規定による換価を制限すべき事項を定めるほか、同14において特に換価をしないことを適当とする場合として、①通則法第55条第1項第3号の規定により納付委託を受けたとき、②賦課交渉中、相続があった場合における承認又は放棄をすべき熟慮期間中（民法第915条）及び訴えの提起があった場合で特に換価をしないことが適当と認められるとき、③その他特に換価をしないことを適当とするときを挙げている。そして、上記③の「換価をしないことを適当とするとき」の判断に当たっては、差押財産の換価が滞納者の権利・利益に法律上及び事実上の重大な影響を及ぼす効果を有することに鑑みれば、上記①及び②に例示として掲げられた事情のほか、更に滞納者の個々の実情を踏まえ、国税の効果的な徴収に向け、個々の滞納事案における自主納付の見込み、公売による換価額、差押財産の公売による滞納者への影響等諸般の事情をも考慮して判断することが相当であるものと解される。

(ハ)　「分割納付誓約書」による取扱いについて

　A　滞納者が換価の猶予の期間内に完納できず、更に滞納国税の完納までに長期間を要する場合の対応について、直接には、法令や通達には定めがなく、上記(ロ)の換価事務提要においても、具体的な定めは置かれていない。そのため、換価の猶予の期間経過後の滞納者について、引き続き個別具体的な事情に則した対応を行う必要があることから、国税局長等が滞納者の収支状況や財産状況を確認し、滞納国税に係る分割納付計画が妥当であり、かつ①納税について誠実な意思を有すると認められ、②分割納付の期間中に新たな滞納の発生が見込まれず、③原則完納までの期間が10年未満であると見込まれる場合、滞納者から滞納国税に係る「分割納付誓約書」を提出させることにより、納付計画に基づく分割納付を認める取扱い（以下「分割納付誓約書による取扱い」という。）を行うことがある。

　　分割納付誓約書による取扱いが行われる際、滞納者は、国税局長等から示

された当該「分割納付誓約書」の用紙に、滞納者に係る滞納国税及び納付計画を記載した上で署名等をすることとなっており、当該用紙には、「万一、納付計画が不履行となった場合あるいは新たな滞納を発生させた場合の、国税徴収法に基づく差押え等の滞納処分について教示を受けました。」との文言が不動文字で印字されている。ただし、「分割納付誓約書」には、滞納者が納付計画に基づく分割納付を行っている間に、国税局長等が差押財産の換価を猶予する旨の記載はない。

B　分割納付誓約書による取扱いの期間中の換価については、上記Aのとおり、分割納付誓約書による取扱いが、直接には、法令や通達等には定めがないものであり、また、上記(イ)のBのとおり、財産を差し押さえた場合は、滞納者の意思にかかわらず、直ちに換価手続に入るのが原則であって、当該取扱期間中に差押財産の換価が制限されると解さなければならない理由はない上、「分割納付誓約書」の用紙には、滞納者が納付計画に基づく分割納付を行っている間、国税局長等が差押財産の換価を猶予する旨の記載もないことからすれば、分割納付誓約書による取扱いは、滞納者の当該取扱期間中における支払能力に応じた分割納付方法を国税局長等が容認したにすぎず、国税局長等と滞納者の間で、当該取扱期間中の換価を制限するという法的効果を生じさせる合意がされたとは解されない。

ロ　国税局長等が換価をすべき時期に関する裁量について

上記イの(イ)のDで述べたとおり、国税局長等が換価をすべき時期に関する法令上の制限としては、換価の猶予をした場合等の一定の場合を除き、差押財産を公売に付すことを制限する法令上の規定はなく、同(ハ)で述べたとおり、分割納付誓約書による取扱いにおいて当該取扱期間中の換価を制限する合意がされたとも解されないところ、法令上の制限がない場合の国税局長等による公売に付すべき時期についての判断は、滞納者の個々の実情を踏まえた上で、対象事案を適切に選定する必要があるから、その判断は国税局長等の合理的な裁量に委ねられているものと解される。

したがって、国税局長等が公売による換価手続の第一段階としてする公売公告処分は、国税局長等の判断が事実の基礎を欠くか又は社会通念上著しく妥当性を欠き、裁量権の範囲の逸脱又は濫用してされたと認められる場合に限り、当該処

分は違法となり、また、当該処分が違法であるとまではいえないものの、国税局長等の公売公告処分に係る裁量権の行使が、上記イで述べた差押財産の換価に係る制度の趣旨・目的に照らし合理性を欠く場合には、不当と判断すべきものと解される。

そして、上記イの(ロ)の換価事務提要は、換価事務を適正に実施するため、その実施手続及びこれに関連する様式を整備し、事務処理の統一を図ったものであり、ひいては、国税局長等の裁量権行使に係る準則を定めたものであると解されることから、国税局長等がした公売に付すべき時期の判断が裁量権の範囲の逸脱若しくは濫用又は合理性を欠くものであるか否かは、上記イの(ロ)のBのとおり、滞納者の個々の実情を踏まえ、国税の効果的な徴収に向け、個々の滞納事案における自主納付の見込み、公売による換価額、差押財産の公売による滞納者への影響等の諸般の事情を考慮して判断することが相当であると解される。

(2) 認定事実

請求人提出資料、原処分関係資料並びに当審判所の調査及び審理の結果によれば、以下の事実が認められる。

イ　請求人に係る滞納整理の状況等について

(イ)　滞納国税の発生状況

請求人は、別表1の「納期限」欄に記載のとおり、平成9年から平成21年までの間において、繰り返し滞納を発生させたものの、平成22年2月以降に新たに納期限が到来する国税について、本件公売公告処分までの間に、原処分庁がK税務署長から新たに徴収の引継ぎを受けた滞納国税はなかった。

(ロ)　各「分割納付誓約書」を提出した経緯について

A　令和元年6月24日付の「分割納付誓約書」について

(A)　本件各徴収担当職員は、令和元年6月11日、請求人の事務所を訪問し、その当時の専務取締役（請求人の現在の代表取締役。以下「本件代表者」という。）、関与税理士ほか2名と面談し、請求人の概況、決算状況、取引先、財産状況及び納付計画等を聴取した上で、近年の分割納付の状況、期限内納付の申出などからすると納税に対する誠意が認められるとして、「分割納付誓約書」を徴取して、分割納付誓約書による取扱いに係る処理を進めることとした。

(B) 本件各徴収担当職員は、令和元年6月18日、本件滞納国税の目録を添付し納付計画欄の年月日（令和元年6月30日から令和2年5月31日までの各月末日）及び納付額（○○○○円、○○○○円又は○○○○円）を記載した「分割納付誓約書」を請求人に送付した。

(C) 請求人は、本件各徴収担当職員から送付された「分割納付誓約書」の住所、氏名の各欄に記名押印の上、令和元年6月24日、原処分庁に提出した。

B 令和2年5月29日付の「分割納付誓約書」について

(A) 本件各徴収担当職員は、令和2年4月8日、本件代表者から業務の状況等について聴取した上で「財産目録」及び「収支の明細書」を請求人に送付した。

(B) 本件各徴収担当職員は、令和2年5月15日、請求人から提出された「財産目録」及び「収支の明細書」並びに本件代表者から聴取した納付計画を踏まえた上で、本件滞納国税の目録を添付し納付計画欄の年月日（令和2年6月30日から令和3年5月31日までの各月末日）及び納付額（各月○○○○円）を記載した「分割納付誓約書」を請求人に送付した。

(C) 請求人は、本件各徴収担当職員から送付された「分割納付誓約書」の住所、氏名の各欄に記名押印の上、令和2年5月29日、原処分庁に提出した。本件各徴収担当職員は、原処分庁に提出された「分割納付誓約書」に基づき納付計画を検討したところ、徴収法第151条第1項第2号に該当するもの、既に同号に基づく換価の猶予を行っていることから、令和2年6月2日、分割納付誓約書による取扱いを行うこととした。

C 令和3年6月7日付の「分割納付誓約書」について

(A) 本件各徴収担当職員は、令和3年4月5日、本件代表者に対し、今後の納付計画を聴取し、一括納付が困難である旨の申出を踏まえた上で、「財産目録」及び「収支の明細書」を請求人に送付した。

(B) 本件各徴収担当職員は、令和3年6月1日、請求人から提出された「財産目録」及び「収支の明細書」に基づき、納付計画の根拠について本件代表者から聴取したところ、役員報酬減額により納付資金を捻出する旨の申出を踏まえた上で、本件滞納国税の目録を添付し納付計画欄の年月日（令和3年6月30日から令和4年5月31日までの各月末日）及び納付額（各月

○○○○円）を記載した「分割納付誓約書」を請求人に送付した。

(C) 請求人は、本件各徴収担当職員から送付された「分割納付誓約書」の住所、氏名の各欄に記名押印の上、令和3年6月7日、原処分庁に提出し、本件各徴収担当職員は原処分庁に提出された「分割納付誓約書」に基づき納付計画を検討したところ、既に徴収法第151条第1項第2号に基づく換価の猶予を行っていることから、同月9日、分割納付誓約書による取扱いを行うこととした。

D 令和4年6月10日付の「分割納付誓約書」について

(A) 本件各徴収担当職員は、令和4年4月4日、本件代表者に対し、今後の納付計画を聴取し、毎月○○○○円の分割納付を継続したいとの申出を踏まえた上で、「財産目録」及び「収支の明細書」を請求人に送付した。

(B) 本件各徴収担当職員は、令和4年6月2日、請求人から提出された「財産目録」及び「収支の明細書」に基づき、納付計画の根拠について本件代表者から聴取したところ、役員報酬減額や代表者貸付けにより納付資金を捻出する旨の申出を受けた。そこで、本件各徴収担当職員は、上記申出を踏まえると、徴収法第151条第1項第2号に該当するものの、既に同号に基づく換価の猶予を行っていることから、「分割納付誓約書」に基づく分割納付を認めることとして、本件滞納国税の目録を添付し納付計画欄の年月日（令和4年6月30日から令和5年5月31日までの各月末日）及び納付額（各月○○○○円）を記載した「分割納付誓約書」を請求人に送付した。

(C) 請求人は、本件各徴収担当職員から送付された「分割納付誓約書」の住所、氏名の各欄に記名押印の上、令和4年6月10日、原処分庁に提出した（以下、同日付の「分割納付誓約書」における納付計画に係る期間のことを「本件分割納付誓約期間」という。）。

(ハ) 本件滞納国税の納付状況

請求人は、平成15年頃から分割納付を開始し、本件滞納国税に係る分割納付を別表3記載のとおり行っていた。なお、上記(ロ)のAないしDの各「分割納付誓約書」に記載された令和元年6月30日から本件公売公告処分の前月である令和○年○月○日までの納付計画については、各期日前に計画どおり納付が行われており、不履行は一度もなかった。

㈡　公売手続に係る経緯等

　A　本件各徴収担当職員は、平成28年11月22日、請求人の当時の代表取締役で
あったＬの立会いの上、本件土地の現地確認を行い、同人に公売手続を進め
る旨説明した。

　B　本件各徴収担当職員は、平成30年12月10日、本件代表者に対して電話連絡
し、分割納付の継続及び公売手続を進める旨説明した。

　C　本件各徴収担当職員は、令和元年6月18日、本件代表者に対して電話連絡
し、分割納付の継続及び公売手続を進める旨説明した。その際、本件代表者
は、本件各不動産の公売実施時期について質問したが、本件各徴収担当職員
は、未確定である旨回答した。

　D　本件各徴収担当職員は、令和3年6月1日、本件代表者に対して電話連絡
した。その際、本件代表者は、本件各徴収担当職員に対し、本件各不動産の
公売手続が進んでいることは承知しているが、事業に必要な財産であり売却
となった場合、事業継続は困難であるが公売手続を進めるとの話であり、ど
うしようもないと思っている旨発言した。

　E　本件各徴収担当職員は、令和4年8月16日、原処分庁所属の公売事務を担
当する職員からの本件各不動産につき公売対象とすることの可否の問合せに
対し、次の㈠ないし㈢の理由から公売相当であると判断し、その旨当該職員
に回答した。

　　㈠　平成28年に公売手続を進めてから、当時の担当者が繰り返し公売手続を
進める旨を本件代表者に説明しており、本件代表者もその旨を承知してい
るとの記録があったこと。

　　㈡　令和元年から引き続き「分割納付誓約書」を徴取しているが、これまで
の担当者も公売手続を進めてきたこと。

　　㈢　年々分割納付の金額が下がっていたことからしても、自分が担当の時に
処理方針を覆す特別な事情は認められないこと。

　F　請求人は、令和○年○月○日、本件各徴収担当職員に対して電話連絡し、
本件各不動産については公売されることは理解していたが、話が急であり事
業に支障を来すため公売を中止してほしい旨発言した。

ロ　請求人の収支状況及び財産の保有状況について

(イ) 請求人の収入及び支出状況

　　　請求人の令和３年４月から１年間の収支状況は、ほぼ毎月○○○○であり、令和４年５月以降の平均的な収入及び支出の見込月額についても、１月当たり○○○○であった。

(ロ) 財産の保有状況

　　　令和４年５月時点の請求人の財産は、本件各不動産を除くと、当面の事業継続に必要な程度の現金・預貯金、売掛金、車両、駐車場の敷金及び協同組合への出資金・保証金の保有しかなかった。

ハ　本件各不動産の見積価額について

　　原処分庁は、令和○年○月○日、本件各不動産の見積価額を○○○○円と決定した。

ニ　本件各不動産の利用状況について

　　請求人は、令和４年５月時点でリースのものを含め車両13台（その内訳は、大型車両５台、３トン車１台、２トン車６台、ワゴン車１台）を保有しており、本件土地は、大型車両５台の駐車場、従業員用の駐車場及び車両整備用の車庫として利用されている。また、本件土地上の建物については、整備機材等の置場及び休憩所等として利用されている。

ホ　法令の規定による換価の制限について

　　本件滞納国税は、本件公売公告処分の時点で、通則法第46条に規定する納税の猶予や、徴収法第151条及び同法第151条の２に規定する換価の猶予の適用はなく、その他法令の規定による換価の制限の適用はなかった。

(3)　検討

イ　本件公売公告処分は裁量権の範囲の逸脱又は濫用による違法な処分か否か

(イ)　上記(1)のロのとおり、公売公告処分は、国税局長等の判断が事実の基礎を欠くか又は社会通念上著しく妥当性を欠き、裁量権の範囲の逸脱又は濫用してされたと認められる場合に限り、当該処分は違法な処分となる。

　　　これを本件公売公告処分についてみると、①別表１記載のとおり、請求人が本件公売公告処分の時点で納付すべき滞納国税の総額は○○○○円（不納付加算税○○○○円、延滞税○○○○円）であったこと、②上記(2)のイの(イ)及び(ロ)のとおり、請求人は、平成９年から平成21年まで繰り返し滞納を発生させ、令

和元年6月24日付の「分割納付誓約書」から本件公売公告処分に至るまで、3年以上の期間にわたって分割納付誓約書による取扱いがされてきたところ、請求人の納付金額については、令和2年5月29日までは1か月に○○○○円以上を納付していたものの、同年6月30日からは1か月に○○○○円の納付、令和3年6月30日から本件公売公告処分に至るまでの間は、1か月に○○○○円の納付にとどまり、その納付金額は減少の一途をたどっていたこと、③上記(2)のロの(イ)のとおり、本件公売公告処分の当時、請求人の平均的な収入及び支出の見込月額は○○○○であったことからすれば、請求人の滞納国税の総額は多額である一方で、請求人の月間の納付金額は少なく、○○○○であった請求人が分割による月々の納付金額を増額できる見込みも乏しかったというべきであり、分割納付のみでは自主納付による完納の見込みがあったとはいえない。

また、④上記(2)のハのとおり、本件各不動産の見積価額は○○○○円であったところ、上記②のとおり、本件分割納付誓約期間における1か月の納付金額が○○○○円であったことからすれば、上記見積価額は分割納付○か月分に相当する金額を一括して徴収することができるものであったといえる。

そして、⑤上記(2)のロの(ロ)及び同ニのとおり、請求人は本件各不動産を除いて、当面の事業継続に必要不可欠な財産しか所有していないところ、本件各不動産についても、請求人が運送業に使用する大型車両の駐車場及び車両整備用の車庫等として利用しており、その事業に必要なものであることは否定できない。しかしながら、請求人が本件土地と同様に運送業に利用できる代替土地等を賃借するなどして利用することもでき、本件各不動産が請求人の事業に必要不可欠なものであるとまではいえない上、上記②で述べたとおり、請求人については3年以上の期間にわたって分割納付誓約書による取扱いがされてきたことからすれば、請求人が本件公売公告処分までに本件各不動産の代替土地を確保するための期間もあったというべきであり、必ずしも本件公売公告処分が請求人の事業の継続を不可能にするものであるとはいえない。

(ロ) 以上のとおり、請求人には自主納付による完納の見込みがあったとはいえないこと、本件各不動産の換価額として相応の金額が見積もられていたこと、請求人が事業のために使用していた本件各不動産を公売に付することにより、必ずしも同事業の継続を不可能にするものであるとはいえないことなどの上記①

ないし⑤の各事情を考慮すれば、本件公売公告処分の当時、本件各不動産を公売に付さないことが適当なときであるとはいえない旨の原処分庁の判断が、事実の基礎を欠くか又は著しく妥当性を欠いているということはできない。

　　　したがって、本件公売公告処分により本件各不動産を公売に付する時期について、原処分庁に裁量権の範囲の逸脱又は濫用があったとは認められないから、本件公売公告処分は適法である。

ロ　本件公売公告処分は裁量権の行使の合理性を欠く不当な処分か否か

　(イ)　はじめに

　　　上記イで述べたとおり、本件公売公告処分は適法であるが、上記(1)のロのとおり、本件公売公告処分が違法であるとまではいえなくても、原処分庁の裁量権の行使が、差押財産の換価に係る制度の趣旨・目的に照らし合理性を欠く場合には、不当と判断すべきであるから、以下、本件公売公告処分の不当性の有無について検討する。

　(ロ)　自主納付の見込みに関する事情について

　　　請求人は、上記(2)のイの(イ)のとおり、平成22年2月以降、新たに納期限が到来する国税について滞納を発生させておらず、また、同(ハ)のとおり、本件滞納国税に比して僅少ではあるものの、平成15年頃から本件公売公告処分までに20年近くにわたって本件滞納国税の分割納付を継続している。そして、当該分割納付の額は、令和元年6月以降、上記(2)のイの(ロ)のAないしDのとおり、分割納付誓約書による取扱いにより、請求人の収支状況及び財産の保有状況から支払可能な金額として、原処分庁も認めた金額であったといえる。

　　　以上のような自主納付の見込みに関する事情からすれば、本件公売公告処分の当時、少なくとも本件分割納付誓約期間内に、請求人が納付計画どおりの自主納付を継続する蓋然性が高かったというべきである。

　(ハ)　公売による換価額に関する事情について

　　　上記(2)のハのとおり、本件各不動産の見積価額は〇〇〇〇円であり、同イの(ロ)のDのとおり、本件分割納付誓約期間における請求人による分割納付が月額〇〇〇〇円であったことからすれば、本件各不動産の公売による換価額は相応の金額を一括して徴収することができるものであったというべきものではあるものの、他方で、本件公売公告処分の当時に、本件各不動産を直ちに換価しな

ければその価額が下落して、徴収の目的を達せられなくなるなどの事情があったとは認められない。

　また、本件滞納国税は、別表1記載のとおり、不納付加算税及び延滞税の附帯税のみであって本税の未納は残されておらず、今後、更に未確定の延滞税が加算されることはない。そうすると、例えば、本件各不動産を直ちに換価し、その換価代金を滞納国税に充てて未確定の延滞税の発生を抑止することで、滞納国税の総額に対する本件各不動産の換価額の割合の低下を防止し、換価額の相対的な価値が維持されるなど、本件各不動産を直ちに換価することで徴収上有利となる事情もない。

　以上からすれば、本件各不動産については、本件公売公告処分の当時、直ちに換価をすることで、換価額の下落の回避又は換価額の相対的な価値の維持ができたとは認められない。そうすると、公売による換価額に関する事情として、本件分割納付誓約期間内に直ちに本件各不動産を公売に付すべき、あるいは、付さなければならない事情はなかったというべきである。

㈡　本件各不動産の公売による請求人への影響について

A　本件土地は、上記⑵のニのとおり、大型車両の駐車場及び車両整備用の車庫等として利用されている。そのため、本件土地が公売に付された場合に、請求人が従前と同様の事業を継続するためには、請求人の運送業において大型車両の駐車場及び車両整備用の車庫等として利用できる本件土地の代替土地の確保が必要となる。

　しかしながら、大型車両複数台を駐車できる面積があり、かつ、車両整備用の車庫も設置することができる代替土地を確保するには、相応の期間を要すること、また、そのような代替土地が確保できない場合には、請求人が運送業に使用する大型車両の保有台数を減らして事業規模を縮小するなどして対処せざるを得ないことが想定される。

B　ところが、上記⑵のイの㈑のDのとおり、本件各徴収担当職員は、令和4年6月2日には、「分割納付誓約書」を請求人に送付し、同月10日には、請求人の記名押印がされた「分割納付誓約書」の提出を受けた一方、他方で、同㈡のとおり、本件各徴収担当職員は、請求人に対し、令和元年6月18日には、公売手続を進める旨の説明をしたものの、それ以降、本件公売公告処分

に至るまで、公売手続を進める旨の説明や公売時期に関する説明を行っていない。

　そして、請求人も、請求人が、上記(2)のイの㈡のD及びFのとおり、本件各不動産の公売手続は進められている旨理解していたとはいうものの、請求人が本件公売公告処分がされた後に、「話が急であり事業に支障を来す」などと申述していたことからすれば、令和4年6月10日付の「分割納付誓約書」の納付計画のとおりに分割納付を履行している限りは、本件分割納付誓約期間内に直ちに本件各不動産が公売に付されることはないと期待していたと認められる。

C　以上の事情からすれば、本件各徴収担当職員が、請求人に対し、令和4年6月10日付の「分割納付誓約書」による分割納付を認めつつ、本件各不動産に係る公売時期の説明をしなかったことで、請求人が、同「分割納付誓約書」の納付計画のとおりに分割納付を履行している限りは、本件分割納付誓約期間内に直ちに本件各不動産が公売に付されることはないと期待したことにより、本件各不動産の代替土地の確保のための機会及び期間が事実上なかったというべきである。そうすると、本件各徴収担当職員が請求人に対して、公売時期の説明をするなどして上記期待を排斥することなく本件公売公告処分がされたことで、本件公売公告処分による請求人の事業への影響がより大きくなったことは否定できない。

㈥　小括

　以上で述べたとおり、少なくとも本件分割納付誓約期間内においては、請求人が納付計画どおりの自主納付を継続する蓋然性が高く、直ちに換価をすることで、換価額の下落の回避又は換価額の相対的な価値の維持ができたともいえず、また、本件分割納付誓約期間内に本件各不動産が公売に付されることはないと期待した請求人としては、本件各不動産の代替土地を確保し得る機会及び期間が事実上なく、公売による請求人の事業に対する影響がより大きくなったというべきであり、これらの各事情を考慮すると、本件公売公告処分は、滞納者である請求人の個々の実情を十分に踏まえたものであるとはいい難く、また、必ずしも本件滞納国税の効果的な徴収に資するものであったともいい難いものであるといわなければならない。そうすると、本件公売公告処分は、原処分庁

が本件分割納付誓約期間内に公売に付したという時期の判断において、その裁量権の行使が、差押財産の換価に関する制度の趣旨・目的に照らして合理性を欠く不当な処分であるといわなければならない。

(4) 原処分庁の主張について

　原処分庁は、上記3の「原処分庁」欄の(3)及び(4)のとおり、①本件各不動産が車庫、整備場及び休憩場として利用可能な唯一の不動産とは認められないこと、②本件各徴収担当職員が請求人に公売手続を進める旨伝えてから本件公売公告処分までの期間は約5年10か月あるから、代替土地を探す期間として十分であること及び③請求人に対し、「分割納付誓約書」による分割納付を行っているからといって、公売手続が停止するとの見解を表明していないことなどの事情を考慮すれば、本件公売公告処分は裁量権の範囲内で合理的に行われたものであるから違法又は不当な処分ではない旨主張する。

　確かに、原処分庁の主張する上記①ないし③の各事情は認められ、上記(3)のイで述べたとおり、本件各不動産を公売に付する時期について、原処分庁に裁量権の範囲の逸脱又は濫用があったとは認められないから、本件公売公告処分は適法である。

　しかしながら、本件公売公告処分は、上記(3)のロの(ニ)で述べたとおり、請求人が令和4年6月10日付の「分割納付誓約書」の納付計画のとおりに分割納付を履行している限りは、本件分割納付誓約期間内に直ちに本件各不動産が公売に付されることはないと期待し、本件各不動産の代替土地を確保し得る機会及び期間が事実上なかったというべき時期においてされており、本件各不動産の公売による請求人の影響が大きいという事情があった反面、同(ロ)及び(ハ)のとおり、自主納付の見込み及び公売による換価額に関する各事情からは、本件公売公告処分を本件分割納付誓約期間内に直ちにしなければならないというべき点を見出すことはできない。そうすると、本件公売公告処分は、上記各事情を考慮すれば、本件分割納付誓約期間内に直ちに行われた点において、公売に付する時期の判断が合理性を欠いているというべきである。

　したがって、これらの原処分庁の主張には理由がない。

(5) 本件公売公告処分の適法性について

イ　上記(3)のイのとおり、本件公売公告処分を行った時期についての原処分庁の判断に裁量権の範囲の逸脱又は濫用があったということはできないから、本件公売

公告処分が違法であるとは認められない。

ロ　しかしながら、上記(3)のロのとおり、本件公売公告処分は、公売に付すべき時期について裁量権の行使が合理性を欠く不当な処分であり、その全部を取り消すべきである。

(6)　結論

　　よって、審査請求には理由があるから、原処分の全部を取り消すこととする。

別表1　滞納国税の明細（令和○年○月○日現在）（省略）

別表2　本件各不動産（省略）

別表3　本件滞納国税に係る納付状況（省略）

裁決事例集（第132集）

令和 6 年 5 月13日　初版印刷
令和 6 年 5 月27日　初版発行

不　許
複　製

（一財）大蔵財務協会　理事長
発行者　木　村　幸　俊

発行所　　　一般財団法人　大　蔵　財　務　協　会

〔郵便番号　130-8585〕
東京都墨田区東駒形 1 丁目14番 1 号
(販　売　部) TEL 03(3829)4141・FAX 03(3829)4001
(出版編集部) TEL 03(3829)4142・FAX 03(3829)4005
URL　http://www.zaikyo.or.jp

本書は、国税不服審判所ホームページ掲載の『裁決事例集No. 132』より転載・編集したものです。

落丁・乱丁は、お取替えいたします。　　　　　　　印刷　㈱恵友社
ISBN978-4-7547-3242-4